Me como un arco iris

Bobbie Kalman

 Crabtree Publishing Company

www.crabtreebooks.com

Creado por Bobbie Kalman

Autor y Jefe editorial
Bobbie Kalman

Consultores pedagógicos
Reagan Miller
Elaine Hurst
Joan King

Editores
Joan King
Reagan Miller
Kathy Middleton

Revisor
Crystal Sikkens

Investigación fotográfica
Bobbie Kalman

Diseño
Bobbie Kalman
Katherine Berti

Coordinador de producción
Katherine Berti

Técnico de preimpresión
Katherine Berti

Fotografías
iStockphoto: cover (fruits and vegetables), p. 1, 13 (children)
Shutterstock: cover (children), p. 1, 3 (except apple, banana, and orange), 4, 5 (except apple, bananas, and orange), 6, 7, 8, 9, 10, 11, 12, 13 (except children), 14 (except lemon and tomato), 15 (except carrots, peas, and strawberries), 16 (bottom)
Otras fotografías por Comstock y Photodisc

Library and Archives Canada Cataloguing in Publication

Available at Library and Archives Canada

Library of Congress Cataloging-in-Publication Data

Available at Library of Congress

Crabtree Publishing Company

www.crabtreebooks.com   1-800-387-7650

Impreso en China/082010/AP20100512

Copyright © **2011 CRABTREE PUBLISHING COMPANY**. Todos los derechos reservados. Ninguna parte de esta publicación puede reproducirse, almacenarse en un sistema de recuperación de datos o transmitirse, de ninguna forma o por ningún medio, sea electrónico, mecánico, por fotocopia, magnético o cualquier otro, sin la autorización previa y por escrito de Crabtree Publishing Company. En Canadá: agradecemos el apoyo económico del gobierno de Canadá a través del Book Publishing Industry Development Program (Desarrollo para la Industria de Publicación de Libros) (BPIDP) en nuestras actividades editoriales.

Publicado en Canadá
Crabtree Publishing
616 Welland Ave.
St. Catharines, Ontario
L2M 5V6

Publicado en los Estados Unidos
Crabtree Publishing
PMB 59051
350 Fifth Avenue, 59th Floor
New York, New York 10118

Publicado en el Reino Unido
Crabtree Publishing
Maritime House
Basin Road North, Hove
BN41 1WR

Publicado en Australia
Crabtree Publishing
386 Mt. Alexander Rd.
Ascot Vale (Melbourne)
VIC 3032

Palabras que debo saber

manzana

plátano

arándano

niña

cereza

naranja

pimiento

arco iris

rojo

anaranjado

amarillo

verde

azul

morado

Un arco iris tiene estos colores.

rojo

anaranjado

amarillo

verde

azul

morado

Los alimentos son de los colores
del arco iris.

cereza

La cereza es roja.

naranja

La naranja es anaranjada.

plátano

El plátano es amarillo.

manzana

La manzana es verde.

arándano

El arándano es azul.

pimiento

El pimiento es morado.

Me como un arco iris todos los días.

anaranjado

rojo

amarillo

morado

verde

azul

Soy un niño del arco iris.

Actividad

¿Qué alimentos
son rojos?

¿Qué alimentos
son anaranjados?

¿Qué alimentos
son amarillos?

¿Qué alimentos
son verdes?

¿Qué alimentos
son azules?

¿Qué alimentos
son morados?

uvas

maíz

chícharos

limón

ciruelas

fresa

zanahorias

tomate

calabaza

pimientos

Notas para los adultos

Comer de manera natural

Me como un arco iris invita a los niños a formarse el hábito sano de comer alimentos naturales de cada color, todos los días. Los nutricionistas han descubierto que necesitamos alimentos de distintos colores para reforzar nuestro sistema inmunológico, controlar nuestro estado de ánimo y ayudar a nuestro cerebro a que funcione mejor. Frutas tales como las manzanas, los plátanos, los arándanos, las uvas rojas, las cerezas y las naranjas, y verduras tales como los pimientos, las verduras de hojas verde oscuro, el brócoli, los tomates y muchas otros alimentos que son de los colores del arco iris le proporcionan al cuerpo nutrientes importantes y fibra. Este libro puede servir para que los niños tomen conciencia de que su cuerpo necesita alimentos naturales para que funcione bien y se sienta bien.

La energía y los colores que provienen del sol

Un arco iris es la descomposición de la luz del sol en colores. Puede mostrarles a los niños cómo se descompone la luz en los colores del arco iris proyectando luz a través de un prisma. Nuestra energía también proviene del sol. Esta energía se traslada desde el sol a través de la cadena alimenticia hasta llegar a nuestro cuerpo cuando comemos. Presentar el concepto de la energía que proviene del sol ayudará a los niños a comprender que comer un "arco iris" de alimentos coloridos les proporciona toda la energía y los nutrientes que necesitan para mantenerse sanos. Por eso son, ¡"niños del arco iris"!

16